15.00   7/1/17

en español

CIENCIA GRÁFICA

EL ILUMINANTE MUNDO DE LA

LUZ

con

SUPERCIENTÍFICO

por Emily Sohn

ilustrado por Nick Derington

Consultora:
Leslie Flynn, PhD
Educación Científica, Química
University of Minnesota

CAPSTONE PRESS
a capstone imprint

Graphic Library is published by Capstone Press,
1710 Roe Crest Drive, North Mankato, Minnesota 56003
www.capstonepub.com

Library of Congress Cataloging-in-Publication Data
Sohn, Emily.
  [Illuminating world of light with Max Axiom, super scientist. Spanish]
  El iluminante mundo de la luz con Max Axiom, supercientífico / por Emily Sohn ;
ilustrado por Nick Derington ; consultora, Leslie Flynn, PhD, educación científica, química,
Universidad de Minnesota.
    pages cm. — (Capstone press, graphic library en espanol. Ciencia gráfica)
  Includes index.
  ISBN 978-1-62065-182-7 (library binding)
  ISBN 978-1-62065-975-5 (paperback)
  ISBN 978-1-4765-1620-2 (ebook PDF)
  1. Light—Comic books, strips, etc.—Juvenile literature. I. Derington, Nick, illustrator.
II. Title.
QC360.S64518 2013
535—dc23   2012019957

Summary: In graphic novel format, follows the adventures of Max Axiom as he explains
the science behind light—in Spanish

Art Director and Designer
Bob Lentz

Cover Artist
Tod Smith

Spanish Book Designer
Eric Manske

Editor
Christopher L. Harbo

Translation Services
Strictly Spanish

Production Specialist
Laura Manthe

Photo illustration credits: iStockphoto, 23; Shutterstock/Jo-Hanna Wienert, 13

Printed in the United States of America in Stevens Point, Wisconsin.
092012   006937WZS13

TABLA DE CONTENIDOS

Con un repentino fucilazo de relámpago, el supercientífico Max Axiom empieza una aventura sobre la luz.

¡CRAC!

¿Qué fue eso?

Tranquilo, Spark. Son unos pocos truenos y relámpagos de la tormenta que pasa.

QUEJIDO...QUEJIDO...

En realidad, Spark, si pudieras entender cómo funciona la luz, cosas como el relámpago no serían tan aterrorizantes.

La luz es un tipo de energía. De hecho, la luz solar es nuestra principal fuente de energía en la Tierra.

¿No me crees? Mira una típica cadena alimentaria.

Las plantas usan la luz solar para producir alimentos en un proceso llamado fotosíntesis.

Este alimento permite que las plantas crezcan. Las plantas luego proveen alimentos para los animales.

En retorno, estos animales comedores de plantas son una fuente de alimento para los animales comedores de carne.

Como puedes ver, toda la vida en la Tierra depende de la luz solar, incluso nosotros.

Vamos a ver cómo el Sol produce esta energía.

El Sol es una estrella compuesta principalmente de los gases hidrógeno y helio.

El Sol es tan grande que átomos en el núcleo están apretados muy, muy juntos.

HELIO

HIDRÓGENO

ENERGÍA

Esta presión intensa causa que los átomos de hidrógeno se combinen, creando átomos de helio. Este proceso se llama fusión nuclear. La fusión libera enormes cantidades de energía.

Esa energía viene hacia la Tierra en forma de ondas invisibles, conocidas también como luz.

LUZ INFRARROJA

Todo lo que libera calor da luz infrarroja. Las fuerzas armadas usan cámaras infrarrojas para "ver" gente y otros objetos durante misiones nocturnas. Las cámaras ayudan a los soldados a ver en total oscuridad porque las cámaras pueden detectar luz infrarroja.

Cuando la luz pasa a través del prisma se dobla y se separa. El prisma nos muestra los colores del arcoíris que forman la luz blanca.

En el espectro electromagnético, rojo, naranja, amarillo, verde, azul, índigo y violeta se alinean de acuerdo a la longitud de sus ondas.

El rojo tiene la longitud de onda más larga como puedes ver. El violeta tiene la longitud de onda más corta.

La luz tiene también otras interesantes propiedades.

¿Quieres saber más? ¡Vayamos de viaje!

11

¡Mira, Mamá! Es Max Axiom. Visitó mi clase de ciencias la semana pasada.

Me alegra verte de nuevo, Carla. ¿Podría pedir prestado una de tus bebidas por un momento?

Seguro. ¿Por qué?

Porque es el ejemplo perfecto de refracción de luz.

¿Has notado alguna vez que los objetos se ven distorsionados cuando los sumerges en un vaso de agua?

¡Tienes razón!

¡Pareciera que el sorbete estuviese roto!

Pero sabes que no es así. Es una ilusión óptica.

16

Nuestra habilidad de ver el sorbete depende de la luz que se refleja de ella y a nuestros ojos.

Pero cuando la luz pasa a través de materiales transparentes, como el agua y el vidrio, cambia de velocidad y se dobla.

La luz que proviene de la mitad inferior del sorbete pasa a través del agua y del vidrio.

Los dos materiales transparentes doblan, o refractan, tanto la luz que el sorbete pareciera roto.

Cuando retiro el sorbete, vemos que estaba entero en todo momento.

¡Genial!

Yo no sabía que la luz podía doblarse.

Una de las cosas más importante que hacemos con la luz es ver.

Veamos cómo nuestros ojos usan la luz.

El ojo humano tiene solo 1 pulgada de alto por 1 pulgada de ancho, pero es un órgano complicado.

CÓRNEA

PUPILA

La luz entra a través de la córnea y viaja a la pupila.

La pupila cambia de tamaño para dejar entrar más o menos luz, dependiendo en cuánta luz haya afuera.

1 pulgada = 2.5 centímetros

Nuestros ojos tienen una lente incorporada para enfocar la luz.

Pero algunas herramientas usan lentes convexas y cóncavas para ayudar a la gente a ver mejor.

Una lente convexa es más gruesa en el medio que alrededor de los bordes. Los rayos de luz que pasan por esta se doblan hacia adentro.

Una lente cóncava es más delgada en el medio que en los bordes. Esta lente dobla la luz hacia fuera.

E 152
F P 130
T O Z 108
L P E D 87
P E C F D 65
E D F C Z P 43
F E L O P Z D 33
15
9
10

Los anteojos usan lentes convexas o cóncavas para corregir la visión.

20

MÁS SOBRE LUZ

 La luz del Sol realiza el viaje a la Tierra en alrededor de 8 minutos y 18 segundos. Viajar la misma distancia en tu automóvil a velocidades de la autopista llevaría más de 170 años.

 La luz cambia de velocidad cuando pasa desde un material hasta otro. Cuando la luz pasa del aire al agua, reduce su velocidad alrededor de 139,800 millas (225,000 kilómetros) por segundo.

 El color de tu camiseta en un día soleado de verano puede hacer una gran diferencia en cuánto calor sientes. Los colores más oscuros absorben más luz que los colores claros. Para permanecer fresco, usa una camiseta blanca en días soleados porque refleja más la luz que una camiseta oscura.

 Solo el 10 por ciento de la energía usada por una bombilla regular de luz incandescente es cambiado a luz visible. El resto de la energía se desperdicia como calor.

 Los telescopios usan lentes o espejos para capturar pequeños pedacitos de luz que llegan a la Tierra desde estrellas, planetas o galaxias en el espacio. El telescopio espacial Hubble ha permitido ver galaxias a más de 12 mil millones de años luz de distancia.

 Los ojos humanos pueden sentir la luz solo dentro de las longitudes de onda visibles en el espectro electromagnético. Algunos animales ven el mundo de manera completamente diferente. Las serpientes de cascabel tienen fosas sensoriales que detectan la luz infrarroja. Las abejas ven la luz ultravioleta.

Los arcoíris lunares son arcoíris que se forman a la noche. Estos arcoíris leves se forman cuando gotas de lluvia refractan la luz que se refleja de la Luna. Cuando la luz lunar refracta los cristales de hielo en la atmósfera, halos brillantes llamados perros lunares se forman alrededor de la Luna.

 La energía solar energiza a satélites y naves espaciales orbitando la Tierra. Los paneles solares gigantes de la Estación Espacial Internacional convierten la luz solar en electricidad, luz y calor para los astronautas que viven y trabajan en la nave espacial.

MÁS SOBRE

SUPERCIENTÍFICO

Nombre real: Maxwell J. Axiom
Ciudad natal: Seattle, Washington
Estatura: 6' 1"   **Peso:** 192 lbs
Ojos: Marrón   **Cabello:** No tiene

Supercapacidades: Superinteligencia; capaz de encogerse al tamaño de un átomo; los anteojos le dan visión de rayos X; la bata de laboratorio le permite viajar a través del tiempo y el espacio.

Origen: Desde su nacimiento, Max Axiom parecía destinado a la grandeza. Su madre, una bióloga marina, le enseñó a su hijo sobre los misterios del mar. Su padre, un físico nuclear y guardabosques voluntario, le enseñó a Max sobre las maravillas de la Tierra y el cielo.

Un día durante una caminata en áreas silvestres, un rayo mega-cargado golpeó a Max con furia cegadora. Cuando se despertó, Max descubrió una nueva energía y se dispuso a aprender todo lo posible sobre la ciencia. Viajó por el planeta y obtuvo grados universitarios en cada aspecto del campo científico. Al volver, estaba listo para compartir su conocimiento y nueva identidad con el mundo. Se había transformado en Max Axiom, supercientífico.

Glosario

el átomo—un elemento en su forma más pequeña

cóncavo—vacío y curvado, como el interior de un tazón

convexo—curvado hacia fuera, como la parte exterior de un balón

la energía—la habilidad de realizar trabajo, como mover cosas o dar calor o luz

la fusión—la unión de objetos causada por calor; el Sol crea su energía con el proceso de fusión

el láser—un rayo de luz de alta energía, delgado e intenso

la longitud de onda—las distancias entre dos picos de onda

la luz infrarroja—luz que produce calor; los humanos no pueden ver la luz infrarroja

la luz ultravioleta—una forma invisible de luz que puede causar quemaduras de sol

opaco—que bloquea la luz

la reflexión—cambio de dirección de la luz cuando rebota en una superficie

refractar—doblar la luz cuando pasa a través de una sustancia en un ángulo

translúcido—dejar pasar la luz, pero no transparente; el vidrio esmerilado y los vitrales son translúcidos

transparente—dejar pasar la luz

SITIOS DE INTERNET

FactHound brinda una forma segura y divertida de encontrar sitios de Internet relacionados con este libro. Todos los sitios en FactHound han sido investigados por nuestro personal.

Esto es todo lo que tienes que hacer:

Visita *www.facthound.com*

Ingresa este código: 9781620651827

¡Algo súper divertido!

Hay proyectos, juegos y mucho más en
www.capstonekids.com

ÍNDICE